가슴에 잠든 노래

이영주 시집

홍 익 출 판 사

책을 내면서

푸른 유혹의 바람이 감당할 수 없이 몰아쳐
가슴을 저미게 한다. 강한 집념은 맹수의 제왕인 굶주린
사자의 형상으로 따뜻한 감성을 부추기며 한순간
두려움, 불안, 초조에 떨린 어둠의 기억을 잘라내듯
때늦은 후회는 모든 용기와 결별임을 다시금 믿게 한다.
부디 한 알 '시의 씨앗'으로 결정結晶 되기를 소망하여
2005년 5월에 『오월이 오면』 시집을 내고 7년 만에
충직한 독자와의 만남을 위해 가슴 설렘과 두려움을
빛나는 성채城砦처럼 『가슴에 잠든 노래』로 편린片鱗들을
소중한 소통의 부호로 모아 보았다.
뜨거운 순간들이 있어 주었고 고마움과 소중함과 용서와
뉘우침의 시간이 있었기에 그리움을 달래는 연습의 도구로
표현 되어가는 초라함의 시간들을 이렇게 채우다 보니
과거와 미래의 맑은 영혼을 위한 예감의 표현보다는
아픈 기억의 아득하고 황홀한 흔적들이 담긴
시집이 되어 못내 아쉬움으로 남는다.
어느 곳이더라도 사유思惟하는 존재로
자존감을 지닌 한 사람의 따뜻한 정신기후를 조성하는
예감의 시인으로 삶의 교시와 잠언箴言을 장식하는
바램의 세월을 절박하게 원하기에,

조금은 더 삶의 진정성을 뜨거운 감성으로
뜻있는 시간을 채워 나아가는 사람이고 싶다.
언젠가의 운명적인 만남을 위한 눈부신 약속을 기대하며
기다림으로 채워가는 시인이기를 눈물겹게 소망한다.

– 이 영 주 식(識)

차례

수필

이영주의 노래

오월이 오면

찔레꽃 피는
오월의 하늘에
용솟음치는 회오리바람
온몸 휘감고 광기를 부리고

작은 바람에도 바르르 떨며
애증의 세월 피를 토하며
교태를 부리는 저 하늘 가득
아카시아 꽃 만개하고

체념할 수 없는 집념은
못내 찍힌 기억의 자국으로
오월 푸른 숲속에 혀를 날름거리고

수많은 인파들이 밀어 내는
날끼 푸른 파도는
어김없이 전율로 다가와

목 떨군 수인처럼 응시하는
발끝 그리움으로 서성인다

잠 도둑

귀뚜라미 우는 밤에
잠 도둑이 찾아와
달마중을 하니
따뜻한 별들이 황홀이 윙크하고

우리 집 개 달래도
못내 잠 못 이룬 밤이든가
어느새 옆자리 친구 되어
꼬리 춤이 정다워라

배어든 이 밤 젖어
갈대 숲 흔드는 바람소리
어쩔 수 없는 속세의 끈,
이 밤 털고 잊어야 할
질긴 사연 때문인가

어둠의 적막에 갇혀
작은 그림자 다녀가니
얼어 버린 빈 공간에
새로운 한날이 초인종을 울리고

야생의 꽃

야생의 꽃 한 송이
이슬 꽃핀 아침에
홀로 피었네

가족 품 떠나와
담 밑 모퉁이
홀로 핀 사연

지난봄 풍경으로
아름다웠다
가을바람에 실려와

모퉁이 홀로 잠들다
피어난 꽃

화려함 보다는
수줍은 듯 곱게 핀
너를 보는 기쁨이
부모 된 마음이어라

사랑

만남의 소중함을
텅 빈 삶의 빈터에
가득 채워 놓고

오로지 그대 위해
누구도 품을 수 없는
향기로움으로 하여

많은 향기 품으려다
비록 짧은 삶 된다 해도
못내 행복할 것이나

세월을 못 이겨
병든 한 폭 꽃이 되어
버려진 체 시들지라도

그대 곁에 싱싱한
꽃으로만 남고 싶은
가련한 꽃이었음을
정녕 잊을 테요

임은 어디로

백발을 거부하며
허락 없는 이별하고

탐욕과 질투와
죄와 벌과
억울함이 없는
내 모를 그 곳으로

천만번을 도려내어도
그대로인 흔적을 두고
못다 한 약속 못다 이루고

저려오는 이 고통
몰라라 버려두고

하룻밤도 설움 같은
수많은 밤을 두고

조건 없는 이별하고
임은 어디로

진실

너로 인해
웃고 있다면
믿어주겠니

너로 인해
울고만 있다면
믿어주겠니

마음아, 너는 비워낸
무념무상을 알겠지

너로 인해
가고 오고

너로 인해
주고 받고

너로 인해
울고 웃고 있다면
어이 하겠니

후회

묵묵히 곁에 있어준
네 고통 힘들었겠구나

몰라 외면했던 세월
많이도 원망했겠지

헛된 욕망의 주석으로
어리석음의 행로로

그 많은 기다림의 시간
착각의 기로에서
방황했던 소중한 일상
이토록 부끄러워 숨을까

첩첩이 쌓인 마음
홀로 지키며

없는 듯 곁에 있어준
정겨운 네가 있어
행복하다 한다면
이제야 얼굴 돌려
철들었다 하겠느냐

그대 있음에

그대 있음에
내가 있음은
참 복된 일이지요

당신 곁에 있음을
행여 누구라도
시기할까 두려우니
숨겨둘래요

그대 곁에 있음은
옥같이 눈부신 것들이
소복 하고
몸속 깊이 켜있는 등불이지요

밤새워 서리 내려
백년세월 힘들지라도
그대 그림자 속 맴도는 날들은
행복일 테지요

황혼 저물어져 이 몸
세월에 누워도
사랑의 불씨는 남을 테지요

임은 어디에

마음 맞길 한마음 그리워
빛 고운 마음으로
갈고 다듬은 마음입니다

창밖을 주춤거리며 떠도는
겨울의 바람들 속에서도
속마음 진실 켜두고

홀로이기를 거부하며
솟구치는 열정을 다스리며

가슴속 정원에
온정의 촛불 밝혀 두고
오로지 그리움으로
기다려온 세월입니다

미지의 임이여
더는 맴돌지 마옵고
운명의 샘 소리
즈려 밟고 오소서

때늦은 편지

표현 없는 탄식으로 살면서도
자식의 불효를 용서 하신 어머니

꽃보다 어여쁘던 얼굴이
갑자기 창백한 낯빛이더니
돌연이 마음 풀고 떠나가심에
또 다른 세월 앞에 못난
바람의 초상肖像은 서글픔이라

허리 굽혀 논매시던 어느 날
곁에 엎드려 허우적거리는 나를 보며
고사리 같은 손도 수족이라서
구정물을 일으키는구나 하시며
긴 숨을 내쉬셨다

그 말씀 칭찬인가 싶어
힘껏 흙탕물을 일으키는
묵언의 나를 지켜보시며
우리 집 일꾼은 너뿐이구나 하셨던
어머니는 외로운 일꾼이셨다

어둠 깔린 황혼의 귀가 길
손 꼭 잡고 떨고 계시던 어머니
그 모습 아직도 또렷이
가슴에 굳은살로 저며 오고

흔적

인생이 이사 가는 날
허무와 설움 두고 가드라

사랑이 가는 날
미움과 원망을 두고
정이 가는 날은
미련을 두고 가드라

약속이 가는 날
이별을 두고
인연이 가는 날
악연을 두고 가드라

행복이 가는 날
고통을 두고
희망이 가는 날은
꿈마저 가져 가드라

젊음이 가는 날은
늙음을 두고
삶이 가는 날에
흔적은 두고 가드라

꽃들의 소풍

꽃잎들이 서로서로
어깨동무 손잡고
봄 소풍 왔어요

야생 꽃도 들꽃도
사이사이 나란히
정답게 왔어요

일 년 한번 봄 소풍에
나풀나풀 신바람 났어요

저마다 이름표 달고
봄 따라 왔어요

이 봄이 가기 전에
눈바람 불기 전에
서로 추억 만들며

가을바람 불어오면
둥실둥실 떠 놀다가
내년 봄 촉촉한 날에
다시 만날 기약하고
서러운 이별도 하겠지요

성님

당신의 사랑이 크고
높고 넓음으로 겹쳐지고

삶의 충고는
내 탓임을 깊게 해주었고

못내 섭섭한 꾸지람은
뒤돌아보는 뉘우침이 되었고

따뜻한 감사의 격려는
새로이 시작할 수 있는
강한 용기가 되었지요

토닥이며 위로해 주던
진실한 그 모습은
오래도록 빛이 되어
맑은 영혼을 가득 채울 것입니다

한때의 침묵이
때로 반석의 초석 된다며
삶의 소박한 기쁨으로
한 그루의 나무를 심으라 하셨지요

성님 성님이 오래도록
곁에 있음으로 하여
행복한 사람이고 싶습니다

그 집에는

바닷가 낮은 골짜기
숲속 작은 집에는
마음 털린 광대가 살고 있네

이웃도 없는 외딴집에
홀로 먹고 홀로 잠드는

이날에는 머슴도 되었다가
전날에는 나그네도 되었다가
어느 날은 주인이 되어
새들과 동무하며 살고 있네

한때는 도시의 광대로
착각의 시련에 두려움 외면한
삶의 용사로

광대는 홀씨로 떠돌다
열린 하늘 부끄러워
숲속 작은 집에
홀로 먹고
홀로 살고 있네

고백

그립고 그리움에
홀로 목이 메어
고개만 숙이다

소중한 사람이라
아끼고픈 마음이라
몇 해를 노닐다가

바라보는 마음이
불타는 아궁이 같아

태워도 못내 태워도
다 못 태울
마음이라 하였더니
그리 말라 하드이다

그 사람도 우연한 날에
홀로 천년의 사랑
심장 깊이 담아둔 까닭에
어쩌지 못한다 하드이다

어쩌리오

한 가지의 사연 없는 사람
없을 테지요

혹여 좌절의 몸부림도
있을 테지요

불효의 뉘우침도
형제 잃은 침통함에
고독의 시린 상처
있을 테지요

병으로 지친 절망의
처절한 시련도
먼저 보낸 벗의
그리움 있을 테지요

자식 잃고 집나간 마음
죽지 않는 넋이 되어
질긴 명줄 먹고 사는
그런 그리움도 있으니

눈 사탕

밤새 지상에 내린
순결한 영혼이
눈부시게 소복하네요

손에 손을 잡고
그렇게 꿈결로 왔어요

푸른 월광 묻어 있는
감미로운 바람결 타고
쉬엄쉬엄 왔어요

정적을 헤집고
밤에 몰래 왔어요

산자락에 눈 사탕이 저리도
해님 무서워 울고 있어요
남풍이 싫어서 숨죽이고 있어요

눈 사탕이 금세 가버렸어요
그렇게 눈물만 흘려 두고

아들아

땅거미 내려앉은 어스름 저녁
네가 남긴 추억의 한 자락으로
또 하루를 삼키는 구나

광야에 들꽃은 지고
또 틈새서 피겠지만
부서져 동강 난 네 육신은
꿈길로만 피어나겠지

두렵게 찾아오는 밤이면
망각은 파편 되어 동강나고
신열로 몸은 접힌 체

마지막 네 형상의 기억
반짝이는 편린片鱗으로 남아
망각의 상념으로 눕혀지는 밤

꿈이라 믿고 싶던 날에
되돌려 나가고 너 두고 가면
이 세상 아름다운 꿈이어라

용솟음치는 날이면
주체할 수 없는 신열로 떨려
잠 못 이루는 깊은 밤의
바람 끊긴 산자락의 적막 속
수줍은 꽃으로 피어나는
밝고 건강한 미소여

질투

눈먼 질투의 신이여
스스로로 흔적에
상처를 내고

그대로 두어도
힘겨운 마디에

털어 모아 태워
녹여 뿌려 치다가

겹쳐진 소리로
휘젓는 마디는
광기의 짖음과도 같아

보이지 않는 진념의
고뇌로 짓눌린 체
흔들리는 질투의 신

차라리 그대 없는 비통함은
외로움 묻어나는
투명한 눈물이어라

어머니는

티 없이 맑고 깨끗하게 자라서
탐하는 사람이 되지 말고
믿음과 선을 행하는
사람이 되라 하셨지요

증오심 품지 말고
웃음과 빛을 보이는
밝은 사람으로 살라 하셨지요

무지의 죄도 짓지 말고
유식의 오해도 받지 말고
탐스러운 삶을 살라 하셨지요

오가는 소리 귀 기울여
헛됨이 없게 하고
복 담고 꿈 담아
나누는 사람이 되라 하셨지요

나그네 되지 말고 주인이 되어
찾아드는 이들의 벗이 되어
아낌없이 돌려주는 삶을 살라 하셨지요

비우는 사람으로 살라 하신
그토록 애끓은 당부가
이제야 마음 깊이에 사무칩니다

병든 흔적

늦가을 서리 같은
올곧은 믿음으로 하여
되새김도 서러운
삶의 흔적 가슴 아파라

스치듯 가지 않고
저려오는 가슴
근반으로 얹히어

두고 온 기약마저
흥정 없이 실리고

닿지 않는 손짓으로
틈새 부벼 헝클린 체

수척함을 즐기는
병든 흔적이여

산 여울로 흘러 넘쳐
맑은 영혼 씻게 하소서

산

푸른 산아
너를 볼 수 있고
갈 수 있어 좋구나

어떤 형상으로 만나도
벗이 되어주는 정겨운 실상

아무리 즐겨 찾아도
권태롭다 아니하고
신비한 매력으로
용기와 힘을 주는
그대의 이름은 산이로다

영원한 자연의 안식
그대의 외경畏敬은
정녕 하늘과 땅의 신이다

사면에 그대 있음에
밤 짐승과 낮 짐승
수만 가지의 곤충들의
희망 키우는 소리에
마음이 살아 숨쉬는
나의 향수는 그대로다

겹도록 고운사랑

타오름이 겹도록
사무침이어라

믿음의 두드림이
새겨짐이어라

속삭임의 설렘이
영원함이어라

꽃잎 같은 부드러움이
향기로움이어라

겨울 난로 같은 밤
품에 취해 잠든 적막

만져진 체 머문 자리
순수의 사랑이어라

세월이 만든
깊은 주름 곁에 머문
눈부신 그리움이어라

떠나간 광대

웃음을 잃어버린
어제의 그 광대는
어리광을 멈추더니
새로운 무대 찾아
마음 담아내어 떠나고

주인 없는 빈 무대는
오랜 장마 끝자락
노출된 흔적에 젖고 젖어

조연을 위해 최고의
주인공이 되어주었던 광대
머문 곳이
소중한 곳이라
일러주었던 광대

웃으며 떠나간 자리
어둠자락 묻어 있는 슬픔도
어리광에 가려져
못내 그리운 광대의 어투

친구여

행여 내 집에
언젠가 오시거들랑
소중한 것들에 대해
그렇게 묻지 마소
왜 보이지 않느냐고
반복하여 묻지를 마소

어디를 갔느냐고
다시는 묻지 마소
집 떠난 날이
손가락 굽어가며
몇 날이 되었느냐고
그렇게 묻지 마소

정말 먼 훗날
묻어둔 기억에 대해
숨김없이 말하리니

그때의 날에
날 박복타 하지 마소
나에게도 엄마라
불리던 날들이 있었다오

얄미운 예쁜 새

가을 들녘으로
바람결에 실려 온
살찐 예쁜 새야

땀방울로 이룬 알곡
그 위에 앉은 미운 새야

네게 양심이 없어
쉴 틈 없이 배부른 너

동지섣달 기나긴 밤의
허기진 배 어쩌라고

너 배부른 소리에
외로움마저 하나 되어
온통 마음은 충만하나

얄미운 예쁜 새야
네가 포롱 날아가면
허전함에 외롭겠고

곡식 위에 둥지 틀면
곳간 빌까 근심이 크다

신기루 사랑

달콤한 향기를 담아
살며시 다가온 당신은

재치 넘치는 몸짓
오염 되지 않은
그 순수함으로

진실한 사랑으로
꾸밈없는 믿음으로
고독을 멈추게 한 당신

세월에 끌려 초라해진
공허한 마음에
화려한 믿음 심어준
수줍은 미소의 당신은

세월에 빛으로 다가온
영원한 나의 사랑 신기루

후회 없는 삶

용서가 너그럽고
질문이 세련된 인생

견뎌온 세월도
토닥이며 달래고

골 파인 얼굴에
미소 채워 가두고

집 나간 유년
소문으로 찾아다가
새 옷으로 입히고

눈꺼풀 세워 올려
안경으로 밝히고

새로이 찾은 인생
황혼에 매달린 세월이나

정녕 그 이름은
노신사 멋쟁이라오

풀잎 생수

소리 없는 몸짓으로
긴 겨울의 지루함을
깨우는 봄의 향기

산과 들과 언덕과
계곡의 고요함을 적셔
너울의 춤으로 숨어온
풀잎들의 행진

생명의 바람에 실려
천지를 깨우는 아침의
맑은 기상 나팔소리

줄기의 힘으로
꽃을 피우는
푸른 생명의 계절에
정녕
자랑 서른 그대는
녹색의 천사다

너의 집은

너의 거처는 어둠이더냐
어이 그렇게 누웠느냐
성채城砦처럼 침묵하며

한여름의 천둥이더냐
회오리로 친 바람이더냐
땅과 하늘이더냐
누가 널 여기 눕혔느냐

날 보려고 여기 누웠느냐
네가 누운 자리 내가 눕고
내 널 보듯이 날 보거라

내 육신을 안고 누워
못다 한 말소리를 내어
산자락 울리도록 말해 보거라

어이 네 집은 어둠이더냐
추위에도 모포가 없고
더위에도 전의식前意識에
창문 없어 바람도 없고

마음 담아

겹쳐지는 날이 오면
다소 헛말을 하다가
헛짓도 조금 하다가

갑자기 흐를까 봐
헛웃음 짓다가
헛기침도 하다가

그래도 겹쳐지면
못내 소리로 부르다가
흩어지는 메아리
가슴으로 들어와

그리움 달래보고
서러움도 달래보고
숨소리 달래다가

그래도 겹쳐지면
마음을 담아 메고
홀로 먼 길 다녀온다네

마음의 창

가랑비 젖는 유리창 풍경이
마음을 잡는다

철길 벤치 옆 갈대는 비 먹은 몸으로
잔 춤을 멈춘 체 풍경 속으로

솟아오른 초록의 잔풀들은
촉촉이 들녘을 채우며
가늘게 덮인 안개 속으로

밭 도랑의 계단들이 만져질듯
솜틀로 잔잔히 하늘에 안긴 듯
스쳐 보이는 순간의 풍경들이
소리 없는 감동으로

가랑비 갇힌 마을길
서성이는 누렁이 한 마리
들에 나간 주인 마중의 모습인가
북망산천 님 그리운 모습인가
시각으로 다가와 청각으로 걸러지며
체온 없이 달리는 열차 안의
고독을 달랜다

고장 난 인생

마음 무디어지다가
움직임이 더디어지더니

마음이 서운하다가
고장이 잦아져서
수리비는 겁 없이
되새김을 하고

옮겨온 현실에
지나치게 겁먹은
또 다른 현상에
약속의 의미를 두고

살아낸다는 줄기의
끝 부분을 잡고

밀리는 두려움이
그리 서럽지만도 아니한 것은
고장이 잦은 탓만은 아니네

이제 어이 하랴
그나마 수리라도 할 수 있어
정녕 다행인 것을

분노

용서의 다짐으로
한 뼘 따짐도 서럽고

뱉은 토함에 튕겨
속삭임도 서럽다

무능의 수치는
눈먼 날들을 고하고

샛길 끝자락의 몸짓
짧은 소리마저 매이고

황사로 덮인 졸음은
욕망의 끈을 놓고

짧은 인내의 흉터는
핑계의 비굴함과
독배를 즐기며

되새김의 고독으로
자유를 포박한 세월만
털어 마시는 분노

그리운 사람아

소중히 품어온 흔적
태워 녹여 뿌려 놓고

없이 사는 세상은
온통 뼈 깎는
대패 소리뿐이다

두고 간 세월은
열병의 가슴에
화살 꽂히고

하룻밤도 지옥의 꿈
뒤 따르지 않고는
피할 길 없어라

격랑의 세월 앞에
마지막 생명의 불꽃
한 줌의 재로 변하는
최후의 날에야
이 고통 뿌려지리라

맹세

품으리라
품으리라
겹겹이 품으리라

다짐으로
믿음으로
정결케 품으리라

깨어 곁에 두고
꿈같이 품으리라

홀로 두지 않고
누리게 품으리라

부끄럽지 않게
환하게 품으리라

오직 미더운 언약에
삶의 거대한 표징
태산도 품어 내리라

6월의 속삭임

굳은 약속의 욕정은
목청 잠겨 갇히고

아카시아 꽃향기는
명치끝을 누르고

이중성에 피 흘린
가시의 독성으로
5월에 이별 고한다

6월의 속삭임
오라 생명의 계절이여
밤꽃 품어 채우리라

일치하는 날이 더디고
겹쳐지는 날이 힘들어도

지열地熱로 대지 뜨겁게
가시 속에 알을 채워내는
6월 그 속삭임의 변주變奏

붙잡힌 마음

헌 빛도
새 빛 같아
다그침에 긁힌
선명한 형상

샛바람만 불어도
쌀쌀맞게 저려온다

합쳤던 환희의
그 행복한 웃음도
못다 한 약속의
해저海底 같은 수심도

긴 머리 풀어헤친 속바람에
세세한 가랑비
합쳐질 때면
아직 새벽강물도
어둠 같아라

악몽

지친 삶은 분함에 목메고
깎는 대패질 소리는
입술 위에 못질인가

세월은 악몽의 투쟁으로
추억은 미련의 고독으로

만남은 이별의 약속으로
인연은 악연의 예언으로

겹쳐진 흔적은 피할 수 없는
죄의 다툼으로
욕구에 목 메인 몸살로

권태는 매몰되어 덧나고
번뇌와 고뇌는 취해
어지러운 끝자락으로
부실이 넘어지고 말 것인가

마음으로

이별에 잠든 세월
33년의 모습만
두고 가신 어머니

때로는 소중한 어머니 보다
외할머니를 오래도록
불러야 했던 슬픈 유년

외할머니는 셋 자식을
가슴에 묻었고
어머니는 아들을 묻었고
어머니의 딸은 하늘을 묻었네

마음으로 새는 소리
지친 헛숨 사이로
또래들을 보면 시선 돌려
처절한 슬픔 몰아쉬고

파인 가슴 덧날까
조심으로 숨겨 두고
두고 간 마음으로 살고 있지요

소중한 사람

애써 포장하지 않아도
반듯한 사람

존재만으로도
신비로움이 충만한 사람

믿음의 속삭임으로
깊은 입술이 마술인 사람

진실한 미소 머금는
인생의 저울이
필요 없는 사람

희망의 샘물로
갈증을 채워주는
곳간이 넘치는 사람

그 사람이 곁에서
서럽도록 웃고 있다

전부를 주고도

머물러 있고 싶어 했고
언제나 새로워지고 싶어
모두를 주고도
베풀고 싶어 했던 사람

따듯한 가슴으로 오직
영원하고 싶어 했고
소중한 인연 자랑하며
다시 태어나도 하나뿐인
사랑이라 했던 사람

땅에서 사는 동안
자존감 내세우지 않고
날끼 푸른 언어의 횡포
없으리라 맹세했던 사람

경고의 예고도 없이
충고의 틈도 없이
세월에 숨어버린 사람
흔적 뽑아 뉘어 놓고
가끔 어루만져지는
이 충동은

봄

꽃잎 베어 물고
녹색 금침의 등불 밝히고

고운님 끌어안고
봄의 향기로
푸른 씨눈 세척 하고

꽃바람 임의 품에
깊은 맛 들어 잠든 사이로
봄볕을 마중하니

꽃잎 틈새로 묻힌 얼굴
못내 아름답다 못하여
눈부신 별빛이어라

생명의 봄은
또 다른 세상
시작의 꿈을 심는
따뜻한 행복이어라

꿈속의 꿈

황홀한 꿈속에
백마 타고
달나라에 다녀왔다
토끼 노는 터 옆에
그림 같은 집 지어 놓고

순백의 구름 타고 별나라에
논밭을 만들고
저수지도 만들고

달나라에 집을 짓고
별나라에 전답을 만들어
부자 되어 잘 살겠다 자랑하며
찾아간 꿈속의 고향

부모님 기쁜 눈물 흘리시며
토닥이시고

달나라에 부모님 모셔놓고
해 따다 지붕 위에 걸어 놓고
평생 해맑게 사시게 하고픈 소망

갈대

전 같지 않은 탓에
잊혀진 듯 살았지요

겹쳐지는 날이 와도
그렇게 여전하리라는
막연한 믿음으로
묵언의 미소로 살았지요

무던히 끓였던 마음도
선잠으로 깨어나
졸음으로 살았지요

세상 어디에서도
들리지 않는 소리
닷지 않는 흔적
못내 지우며 살았지요

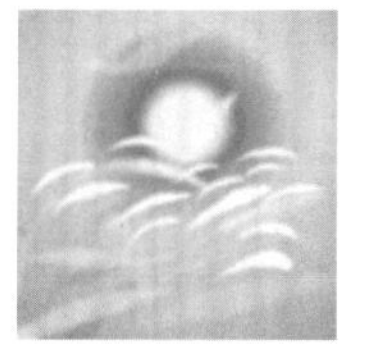

목숨의 시간들도
헛된 세월인양 하여
허송세월 하였네요

상사목

떠나가면 기막힐 사람이
존재의 가치를 두고
바람처럼 멀리로

떠나간 뒤
간절함의 뉘우침에
더는 바랠 것이 없고
더는 가질 것도 없어라

어떤 것도 비교될 수 없고
어떤 것도 대신할 수 없어라

끝내 소중히 잊지 못할
마음의 그리운 병
치료될 수 없는 눈물이어라

오로지 치열하게 다가온
구석구석의 그리움은
저며 오는 절박함의 끝자락에
마디마다 상사병이어라

세월

맡겨본 적 없이
홀로 선 억척이
가슴 저며 울어도

소망의 내일이 있기에
용서한 날들이
숨죽여 울어도

믿음으로 만들어온 웃음들이
광기를 부려도

못내 내일을 기약하던
내밀한 약속이
속마음 열어질 때도

오로지 아침 강물에 흘려보낸
세월의 물발들이

산굽이 휘돌다 지친 날에
숨어 울어도
울음 지친 나날에도

걸러낸 마음

걸러낸 마음 한 톨
굴려 보내고
가둬있던 한 알의 근심
너머 멀리 보내고

소리 없는 날에 물어보리라
왜 숨죽이며 숨어 있는지
대답 없는 묵언으로 살고 있는지
의미 없는 날로만 묻혀 가는지

소망이 없는 절망의 시간들
물안개 뒤의 현상
물끄러미 응시만 하다가
삶의 무게 이겨내지 못하고

남아 있는 목숨의 시간들
지쳐 잠들기 전에 물어보리라
오로지 한 세월
마냥 조용히 살지 못할 것인지

그리움 하나

세월을 열면
그리움 하나

어둠 속에 살며시
기지개를 펴고
와락 가슴에 안긴다

옮겨갈 수 없는
향기로움으로 하여
웃고 있는 까닭은

홀로 추위 이겨내고
피운 꽃 아니기에

비 젖은 바람에도
짙은 향기로 흘러

튼튼한 채로 뿌리박힌
열고 보는 그리움
반짝이는 투명한 눈물

불효자의 소원

흔들리는 가슴이
지울 수 없는 흔적을 만나면

사춘기의 몸부림에 부모님 울린
헛꿈의 세월이 묵념을 한다

채워주며 타이르고
온통 베푼 모습의 그림자
옮겨놓고 못내 그리워하여도
웃는 형상 그대로 소리 없어라

알찬 인생 담으라고
수없이 흘린 눈물의 소망
불효자의 사무침은 깊어라

오로지 바친 세월
돌려받지 못하여도
인자하신 웃음의 사랑
가슴으로 키운 영원한 사랑
하늘 아래 없어라

떠나는 마음

청춘을 태워온 그 세월
접고
깊이 숨겨진 진실도
무릎 꿇어 털고 가려 하오

두고 간 진실의 언약
잊혀진 것도 아니지만
아직 녹슬지 아니했지만

떠난 사랑 담아두고는
따뜻이 오는 정 담을 수 없기에
접어 보내오니 부디 머물지 마소서

태어나 오로지 그대
소중히 가꾼 나의 정원에
두 마음 심을 수 없어
느린 걸음으로 보내오니
풀잎 흔드는 바람처럼 가소서

사랑이여

젖어온 세월은
내밀한 언어로 묻어두고
환한 웃음의 향기로
가슴 깊이에 심어놓고
품에 잠들고픈 사랑이여

흔들의자 만들어 놓고
나무 그늘 아래 앉히고
시원히 불어오는 바람 틈사이로
입술 묻고 싶은 사랑이여

바람에 흔들리는 코스모스길
풍성한 가을 들판
소복이 쌓인 눈밭의 따뜻함
감미로운 바람의 언어로

바라보는 꿈 겨워
따뜻한 손 꼭 잡고
어제의 아픈 흔적 기억으로 가두고
눈물 속 못내 피어나고픈
순결한 사랑이여

백발 오면

벗어난 일들이
힘주어질 때
헛기침이 내뿜는 허세는
잃어버린 것에 대한
변명인가

한때의 용기로 살아온
습관들은
소리 없는 미소의
질긴 투쟁인가

방황 속의 투쟁은
잃어버린 흔적의 핑계로
맞추어진 셔터에만
눌려지고

잠든 날의 핑계는
잃어버린 반 세월
그리움의 세월인가

묻힌 세월

입으로만 새겨온
이름이 아니기에

세월 눕혀 놓고
투정부려 불러보지만

애써온 흔적마저
저가는 어스름으로

따진 원망이 어리석고
미운 마음이 그리운 사람

준비 없는 삶을 두고
노크 없이 떠나간 사람

돌아보지 않고는
볼 수 없는
떠나간 그리움

가는 세월

넋두리는 술에 넣고
수심가는 바람에 보내고
사랑이 오면 심어보자

나무 베어 집을 짓고
봄을 캐다 심어 놓고
가을을 따다 재어 놓고

호롱불을 밝혀 놓고
꽃바람 불러 모아
오손도손 주고받고

선잠에도 오는 세월
뜬눈에도 가는 세월

하늘에 등불 켜지면
연못 위에 띄워 놓고
삼월동풍 매화 속에
새싹처럼 살아보세

바람아

스쳐가지 않고는
못 견딜 바람이었든가

우연한 투정이더니
뒷모습이 바람이더라

오매불망 원앙침도
언제인 듯하며
거셈으로 서둘더니

정녕 토해내는 형상은
괴이해 꿈결 같아라

이유를 탓하며
악물고 토해내는
유령의 모습으로 가더라

바람아 불지마라
젖은 울음 지워질라

하루의 진실

손 내밀고
보내지 못한
그날에 진실이

외면한 오해로
긁어 흘린
흔적의 미련으로

가벼이 스친
하루의 날들은
초심을 잃고

티로 채워져
무게 없는
벗겨진 모습은

굳은 삶도 흩날려
가루의 한 알로
흩어져 날고

하루의 진실은
미련으로 덮이고

탐욕으로

탐욕의 다툼
돋친 혀끝으로
겹겹이 뱉어내어

뙤약볕의 진흙 속
몸부림에 붙박고

지향의 의지에 속아
뱉어낸 속내는

비웃음의 매질로
깊이 삼켜진 채

어제의 원망도
오늘의 갈등도
내일의 욕구도
못내 탐욕으로 가두네

바꾸어 보세

응시하는 눈과 듣는 귀
뱉는 입과 담는 마음을
이제는 바꿔 보자

주관과 논리와
삶의 중량의 진리
초심으로 바꿔 보자

웃음의 질과 감정의 폭
정녕 바꿔 보자

인간의 소중함을
세상의 따뜻함을
사랑의 진실을
저마다의 가슴을 열어
모두가 하나같이 조심스럽게
고정의 틀을 바꿔 보세

사람아

마음 덮인 남편
마음 묻힌 아내
두 마음은 어디로

자식 마음에 없는 부모
부모 마음에 없는 자식
두 마음은 어디에

형제를 버린 마음
친구를 포기한 마음
두 마음은 어이해

정도 언약도 핏줄도
버려진 마음은 어디에서

맺어진 관계마저
내치고서야
인간사 무슨 뜻있다 할까?

미소

깊은 잠 깨워
녹슬지 않은
묶음으로

보존된
향기의 바람으로

마르지 않을 줄기의
흔적으로

한 폭의 그림으로 온
미소

곁에 있는
소중한 미소

반갑고 기쁘고 즐거운
감성의 미소

내면의 아름다움
내 안에 있는 맑고
빛나는 미소

어떤 날에

날 새운 밤
배어 젖은 향수는
한나절 스쳐간
소낙비 같은 것은
아닐 터요

허물을 용서 못한
미련의 상처도 아닐 터요

표현 없이 움켜진 체
견뎌온 서러움도
정녕 아닐 터요

연습 없는 진실에
서툴렀던 표현도

못내 숨겨온
진실의 인연 앞에
스쳐갈 그리움도 아닐 터요

오늘 같은 밤

긴 세월
요동치다
멈춘 밤
오늘 같은 밤

묶인 끈
풀린 밤
오늘 같은 밤

울렁임이
채워지는 밤
오늘 같은 밤

웃음이 고소한 밤
숙제가 없는 밤
오늘 같은 밤

품에 누워 웃는 밤
오늘 같은 날

세월의 통증

그대 떠난 자리는
틈 없이 여미고

시간 속의 다툼들은
어둠으로 밀리고

몸살의 중심은
통증으로 파이고

세월의 약으로도
치료될 수 없는
흉터의 자국들은

예고 없이 찾아드는
밤의 몸부림으로

잡힌 통증의 세월만
살찌우고

이별의 노래

의심의 노예는
비정한 불신으로
질투의 노예는
증오와 배신으로
깊은 심중의 병이 되어

부정의 화살은
철철 피 흘리고
결별의 노래는
비판의 의식 속에
갇힌 악몽으로

부끄러운 치욕
자신의 변명으로
아침 강물에 흘려보낸
덧없는 세월 가슴 아파라

접힌 단풍의 모습은
풀잎 그리운 신세더라

향수

향기 따라 마음 가 있고
세월 따라 청춘도 와 있고

그림자 세워 놓고
놀아 보자 세월 있으니

분별없이 부딪히는 날이면
숙명으로 머금고

흔들려 찢기는 날이면
질기게 솟구치다가

지키려 했던 것들이
잔바람에 얹히어
회오리로 돌아칠 때도

그날도 그리운 날
충분히 소중한 날
내가 살아 있는 날

초록의 스카프

초록의 속삭임들이
날개짓의 수고함으로
봄의 아침을 깨운다

햇살 넘어오는 사이
눈부신 몸짓으로

흥겨움의 춤으로
힘찬 녹색의 향기로
봄의 꿈 실어주는
바람의 선율로

초록으로 날리어
흔들리는 가슴속
시선 담아 채우며

너울의 춤으로
마음 깨워 웃어주는
초록의 스카프

살면서

소중하지 않는 것 없고
버려지지 않는 것이 없네

사랑 못할 것이 없고
용서 못할 일 또한 없다

우연이 아닌 것 없고
결별 없는 것이 없고

타인 아닐 수가 없고
죄인이 아닐 수 없나니

다스리지 못한 마음
핑계일밖에 없어
고통 없는 삶은 없네

참는 고통과 인고의 통증
존재의 이유가 있나니
고통 없는 행복은 없네

창 없는 감옥

긴 이별 뒤에
초라함의 빈자리는

흠집 채워
침묵으로 가두고

갈라진 등불아래
잊을 리 없는
시야 속의 그림자는

기력 없는 곁눈질로
흩어진 체 날리고

옮겨간 약속은
녹슬지 않는 그리움의
창살 없는 감옥으로

빈자리의 무게는
침묵으로 흘리다가
세월 속에 재워져가고

소리 없는 천둥

소리 없는 천둥인가
꽃가지 꺾인 날이
아량 없고 도량 없고
바람 불어 치던 날이

세상 태어난 탓이든가
반세월도 못살 운명인 줄
생각이나 했더란 말인가

대문 없는 집에 갇혀
크게 불러도 대답 없고
비 새는 초가에 누워
형체를 거부한 상태로

홀로 두고 가서 미안하단
한 마디 말도 못하고
몸 아닌 몸이 된 현상

봄비에 새잎 돋으면
휘영청 달 밝은 밤
밤별 또한 눈부시거늘

넋마저 고요한 밤에
가슴으로 비는 소망은
너무 소중하여
할 말을 잊었네

약속

생각만으로
못 지킨 약속이

생각도 못한
시간의 약속으로

갈등의 시련으로
질문 없는 숙제로

다듬질만 하다가
주석의 얼룩으로
구겨진 흔적의 줄기로

되새김의 갈등으로
숨어 있는
시간 속의 다툼으로

응답 없는 두드림에도
세월 조이는 약속
허망하여 눈물겹다

그곳으로

멀리 있는
곳으로 다가가는
짙은 그리움

떨림으로 돌아본
아련한 향수

사랑도 아픔이라
말해주고 간 사람

기다림의 미련은
운명이라 말해준 사람

쓰리고 저리며
몸속에 잠든 사람

고통도 그리움이라
알려준 사람

그리운 아픔 가네
그곳으로

꽃

꽃바람이
꽃나비 불러 모아
벗으로 놀고자 하여

잠자리 동무 모아
환희의 춤으로 놀고

감미로운 바람에
꽃잎도 날아와
마중으로 반기니

새들도 흥겨운 듯
소리 높여 지적이고

눈으로 불러 모아
귓전에 앉히니

흥겨운 흥에 취해
어깨춤도 체면 없네

계절 따라 세월 가고
세월 따라 몸도 가니
아니 놀고 못 살 것 없으니
세상 끝날 까지 흥에 취해
세상 번뇌 잊고 놀아보세

홀로 한 사랑

터질 것 같은
가슴의 설렘으로
그리도 간절히
바라본 마음

애끓는 소망으로
저려오는 숨소리로

마주하기에도 황홀한
솜사탕 같은 사랑

이별 없고 마중 없고
배신 없고 눈물 없는

입으로 금지된
질투뿐인 사랑

행복한 날만큼
외롭고도 고독한
황홀하고 고귀한
홀로 한 내 사랑

오랜 침묵

오랜 침묵이
청각 속을 깨운다

땀 절은 마음
헤집는 목청으로

모래 바람의
토함 소리로

애절함의 외침이
그리움의 축제인양

눈 속의 흐름의
젖은 소리로

거칠게 불어오는
바람의 소리로

우기며 잠재운
보람도 없이

낙화

따뜻한 봄날의
노을에 물든 풍경
미소로 다가와
눈물 촉촉이 젖다가

맑은 혼백인 까닭으로
무정란의 침묵으로
낙화 되어 흩어지고

기다림의 유수는
화합의 수를 놓아
향수로만 채워가고

줄기 같은 믿음은
실을 뽑아 옮긴
한 자락의 삶으로

질긴 인연의 끈
삶의 끝자락에 매달린
두려움이 서럽다

오늘이

그날이 오늘이면
어머니 날 안고
사랑 먹여 토닥이고

그날이면
첫사랑 참사랑에
속웃음 삼키던 날

부모님 흡족한 웃음 속에
만져질듯 희망 잡고
입맞춤이 달콤한 날
그날의 황홀한 밤

서로 아껴가며
첫아이 재롱으로
안 먹어도 배부른 날

우리아이 이름표 달던 날
볼맞춤에 벅찬 이슬 맺히던 날
오늘이 그날이면 울어도 좋아라

거시기 친구는

내 거시기 친구는
요동치는
세월의 주름 앞에
놀라고 있지나 않는지

소문만도 그리운 친구
눈뜬 세월 속에
스치지나 않았는지

제비 불러 모아
내 마음 전해 봤으면

단 한번이라도
흰머리 휘날리는
모습이라도 좋아라
그리운 거시기 친구
내 친구

힘겨운 날

체념 못할
여명의 설로 위에
두견이 되어

설움 걸음 길에
흩뿌려 놓고

지워지지 않는 세월
태워 녹여 재우고

접힌 날개 끌어안고
홀로 바람으로 덧없이 가네

얽힌 사연 넋이 되어
둥실 구름에 실려 가네

빈 둥지 비우고
소리 없는 네게로 가네

꿈

황홀한 꿈결에
심중 깊이 숨겨둔
예감 불길한 날에
손잡아주어 다행이구나

닿지 않는 희망일 뿐
목숨처럼 여겨왔던 너
눈물 묻어나는 날에
잡아 주는 손의 감촉
힘 중의 힘이구나

시작을 알려준 너의 공은
또 다른 희망과 기쁨

너와 같이 가는 길은
목마르지 아니할 터

너를 보내준 그분께
마음 숙여 감사 하련다

멈춰진 삶은

세월을 외면한 체
가위질만 하다가

흔적의 파괴로
멈춰진 욕망은

이만도 다행이라 여기며
적막한 흔적의 빈자리에
새로운 용기를 채우고

세월을 먹은 나무가 되어
창조의 진실을 담아

닮고 싶은 사람으로
일상의 감동을 회복하는
소중한 행동으로 하여
정녕 위안의 마음은 따뜻하리라

쉬어버린 흔적

쉬어버린 날들이
악취를 풍기며

데워놓지 못한
어리석음의 채찍은
질긴 사설에 메이고

약속의 회초리에
꺾인 자국은
체온 속에 감싸인 체

베어 문 초라함은
너덜대며 흔들리고

선택의 다툼은
누렇게 찌들어
소리로 마시고

세월의 저장고는
바람으로 찢기어
문드러진 체 날리고

키스의 미소

귓전에 미소가
키스해 오면

떨린 입술은
혓바닥의
노예가 되어
빈 가슴을 채운다

풍경 밖 시선이
한 폭의
들녘을 채우면

속삭이는 미소는
청각을 채우고

노을의 마중으로
충분히 매 몰린
한 자락의 미소는

졸음을 깨우는
소리의 스승으로
가두었던 그리움을
깨운다

마음 여행

그리움 가득 가슴에 담고
반가운 고향 동무 손잡고
즐겨 놀던 동산에 올라

물먹은 푸른 잎 따 물고
동무는 날 찾고
나는 동무 얼굴 숨어보았네

우리 자란 고향 골목길
줄지어 웃는 소리
시끌벅적 발자국 소리 즐거워라

물장구 치고 놀던 고향 도랑
물 치는 소리
떠내려가 버린 고무신 찾는 소리
소리들이 그리워라

마음으로 만나고 온 고향 동무들
다녀온 고향소식 언제 전할고

그대여

소원 담아 품은 님
갈고 닦지 않아도
빛 고운 마음으로

주체하지 못할 때는
형언할 수 없는
존재만의 복받침으로

마음 넓은 정원에
사랑 꽃을
가득 심어두었지요

사랑하는 임이여
그대 품에 잠든 천사로
소중한 이름으로

영원히 녹슬지 않는
완성된 마음의 주인으로
그대 마음의 빛이 되리요

너를 잃고

너 없는 세월은
마음 태워 녹이는
소리뿐이라

소리 없이 너는 날 버려도
나는 소리로 네 곁에 있고

못내 목 놓아 불러보아도
너는 내 곁에 없으라

비록 덧없는 세월일지라도
필요치 않는 날에 살고
그 무엇도 상관없는 세월이라

열병으로 내뱉는 찬 소리는
견고한 고독의 가슴에 갇히고

헐어 재우는 밤이면
젖어 드는 밤이라
꿈속 그리운 밤일뿐이라

준비된 날로

세월의 무게가
삶의 저울에 얹혀져
본성을 헤비판다

자유롭지 못한 세월에
합쳐지는 날이 오면

미치도록 그리운
사람도

잊혀진 날처럼
살아온 세월도

태어나 살면서
준비 못한 날들이기에

기약 없이 가는 날엔
준비된 날이 되었으면

급한 인생

하루를 즐기려고
수 날을 낭비하며
몇 날을 버려왔는가

비벼 만든 인연들도
다짐의 약속들도
수 날에 버려두고

바램의 행복도
뿌듯한 기다림도
몇 날에 던져지고

나눠 웃는
필요한 관계도
사랑이란 믿음의 인연도
접어 가둔 체

푸른 잎 물들어가는 계절에도
나눠먹는 축복 없이

밤 같은 날
세월 돌려 심어 놓고
홀로 젖는다

엇갈린 운명

깊은 곳으로부터
삐져나온 그리움인가

미움도 그립고
그리움은 더 서러운
조각난 그리움인가

흔적에 뼈갈아 붙이고픈
깨어진 그리움인가

엇갈림의 운명인가
나그네의 설움인가

털고 긁어 흘려져
지탱이 어려운 날들
힘겨운 날의 고독

가슴 열어 새겨보면
엇갈린 세월 앞에
눈은 감기고

그리 마소서

틈 없는 세월이지만
잠시 쉬어갈 수도 있겠고
자유로울 수도 있겠지

흘려놓고 비교하고
비교하며 채워가는 나날들

못 채우고 사는 세월이지만
할 일이 없는 것은 아니겠지

그리 말라 하는 말도
이유 없는 말은 아니겠고

인생이 내 탓이라 해도
설움을 알고서야
말하지 아니할 수 없겠고

말 못해
못하는 말이 아니겠고
태산 같은 말이라도
하지 않으면 듣지 못할 말이니
그리 말라는 말은 마소서

다녀간 마음

몰래한 사랑도
아니련만

천금 같은 언약도
남인 듯 하고

썩지 않는 날들을
내 안에 두고

소중히 못한
또 하나의
아쉬움을 두고

눈물 좀 맞고도
끄떡없는 모습으로

뒷모습 흘리며
떠나간 사람

서툰 인생 홀로
서는 날에도

다녀간 마음은
그리울 테지만

운명

끝없이 불어온
바람의 줄기

소리 없이
달려온 비바람

몰아치다가
돌아와 치고

휘몰리다가
맞바람으로

휘청 이다가
터널 안의 경고로
메아리에 갇히고

소리마저 내몰린
바람의 탓으로

멈출 틈 없어
힘겨움이 버거워라

그리운 마음

그리운 마음 한마음
내 안에 두고

다소곳한 배려로
포근한 믿음으로
이불 속의 숨소리로

설레임의 다짐을
하루마다
귓전에 가두며 살고

다짐으로 소원 빌고
믿음으로 마음 담고

미운 마음 접어내고
예쁜 마음 품어 담고

따뜻이 덮인
임의 입술 가까이 두고
종일토록 사랑 주고
희망 주고
행복 받고

기다림

낙화인들 꽃이 아니랴
잔잔하게 불어라
밤도 낮같이 불어라

겉으로 불지 말고
겹으로도 불지 말고
숨어 몰래 불지 말고

따뜻한 생명의 바람으로
네모난 도시 공간 불어와서
머문 자리 빛을 모아

한밤도 한낮같이
바람 불어와 좋은 날에

임의 소식 더딘 이유는
느린 세월 탓이리라
멀리 가는 바람에게 물어 오리라

말 많은 세상에

말 많은 말 중에
시원한 말 답답한 말
고운 말 미운 말 많지만
그중에 제일 좋은 말은
순결한 사랑이다

말 듣고 원망하다가
말해놓고 웃음 짓고

말 못 듣고 애태우다가
말 못하고 후회하며

말 때문에 다치고
말 때문에 떠나고
말 때문에 말 많은 말

공기보다 가볍게
지루하지 않는 말
마음이 하는 사랑의 언어

떠나가는 새

산 넘고 강 건너
들을 지나 바다 위
먼 구름 사이
수평으로 날아가는 새

빗속으로 부는 바람 사이로
젖고 젖어도

흔들림 없는 날개짓
아름답다 못해
가슴 치는 외로운 새

두고 온 언약 찾아
온 세상 흘러도
내려다보이는 낮은 산자락
낯익은 풍경에 취해
맺은 천년의 인연
어이 두고 가는가

파도 없는 작은 섬에
잠시 쉬어 다녀왔으면

용서의 외면

찢기어져 너덜거리는
자국의 미련은
때마다 숨겨진 곳을
기웃거리며

용서의 두드림마저
거부한 체
도래 질의 본성으로
녹일 듯 타오르며

허락을 외면한 체
반쯤 드러난 심장의
부분을 끌어당기며

무디어 질긴 사설에 갇힌
그림자의 부분들을
못내 흔들어 깨워
전의식前意識은 혼돈이다

두고 갈 인생

문드러진 세월
반죽으로 비벼
다져온
외로운 투쟁

뜻대로 못한
아쉬움에
뒤돌아보았지만

인생이 마음이고
마음이 인생일터

담기만 아니하고
가벼이 살다가

두고는 가드래도
젖지는 말고 갈라네

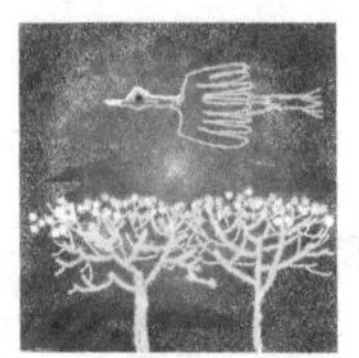

속바람

솔바람 속마음에
솔솔 들었다가
먼 바람 그리움으로
새겨진 바람

홀로 지친 바람
숨어 우는 속바람

온기 없어 차가운 밤
소리 없이 부는 바람

온기 없이 오면 데워도 되나요
소리 없이 오면 불러도 되나요

스쳐만 가드래도 참아야 하나요
다시 불어오면 잡아도 되나요

홀로 떠난 바람이 스쳐갈 때면
숨어 우는 속바람

가슴으로

깊이 가두었던
기억들이
흔들리는 날이면

몸부림 털며
두견이 되어
심장에 둥지를 튼다

간절히
소중했던 것들의 중심을
쪼아대며

채워진 만큼 털어
둥지를 넓히고

비워진 체로
허전함의 고통은
싸늘히 채운 번뇌의 사설에
목은 메이고

귀한 사람

살며시 다가온 사람
벅찬 배려로
비할 데 없는
부드러움이 고소한 사람

언어가 충만하고
욕구가 일치하여
오해가 없고 비교가 없어
아끼지 않아도
채워져 있는 사람

오직 기쁨으로
튼튼한 내일을 준비하는 사람

선의 굴레에서
소중히 베풀며
감미로움이 충만한 사람
명품이라 불리우며
오로지 사랑으로 채워진 사람

인생

잠시 쉬어가는 인생이련만
세월의 노예로만 부려지다가

무게를 못 견딘 초췌한 모습으로
허무의 진실 못 놓아 못 가는
세월의 짐으로만 살아질 것인가

무거움의 고통으로
흔적의 적으로
짓눌린 체 살아가고 말 것인가

헐벗긴 세월 앞에
여미듯 저려오는
바싹 마른 흔적 앞에
육신의 피가
말라 허물만 남을 지라도
세월이 있기에
하루의 진실로
세월의 주인으로 살 수 있을 것인가

봄이 오면

싸늘한 겨울
깊은 잠 속에서
따뜻이 불어온
바람 속의 비를 먹고

뿌리 털고
초록으로 단장하는
봄의 행진들

대대손손 닮아 있는
유전의 전통으로
낯익은 모습들

자연의 신비로움으로
깊숙이 덥혀 살찌운
힘으로

뿌리박고 재생하여
피어난 수고의 모습

마음의 소리로
반기지 않고는
표현할 길이 없겠다

보고 싶은 얼굴

세월에 지친 듯 조용했던
날들이
이처럼 흐른 뒤에야
토라진 미움으로 밀려와

본질에 충실하지
못 했음을 꾸짖으며
마음의 소리를 청한다

참회의 잠든 그리움
증발한 흔적의 변신으로

봄이 와도 필 수 없는
썩지 않는 고목의 모습으로
쓰리게 흩어지는 그리운 얼굴

바라만 보아도 빼곡히 찾다가
느리게 비워가는 그리운 얼굴

준비하는 삶으로

준비 없이
입혀진 삶의 모습은
이슬만 내려도 젖으리라

시작의 소홀함은
마무리도 어색하리라

거두어들일 수확 없는
인생 그물은 손질해서
던져보자

교만 없는 겸손으로
내 탓이다 웃음 짓고
독불장군 행세 말고

베푼 마음 기쁨으로
인생 그물을 던져보자

더불어 사는 습관으로
준비하는 마음으로
삶의 그물을 던져보자

다녀간 흔적

따뜻한 베레로 다가와
믿음으로 시작된 포근함

속마음 뒤져 보이지 못한
어리석음에

얇은 풀잎 두른 냉한
가슴으로
마른기침 토해내며
휘날리는
외투의 차림으로
이슬에 젖는다

무한의 사랑으로
온 몸
솟구치는 열정으로
넘쳐주었던

타오름 그대로의 사랑을
헛꿈에 뿌려 놓고

이 육신 온전치 못한 날에도
아름다움으로 그리우리라

흔들리는 삶

끝남을 거부하지 않는
비판의 칼날이
금속의 화살촉이
비정한 도시의 빌딩 벽
가르고 꽂히다가

무게로 채워져
고립된 공간의 틈새
때로는 달빛으로 비집다가

갈증으로 머물지
못한 무수한 날들에
의미 모를 이유를 묻는다

흔들림의 손끝에
독배를 채우며
비판의 날들을 위한
아직도 뜨거운 심장으로
승리의 건배를 들다

멈추지 못한 속내로
용서의 잔을 채우려는
뜨거운 감성의 시인이 있어
짐짓 그런대로 이 세상은
아름답고 살맛도 있고

님

임의 길 소중한 길
부르지 않아도
곁의 중심에 와 있고
아무리 떼를 써도
권태롭지 않는 임

곁에 있어도
풀잎 이슬처럼
청초하고 해맑아
항시 보고픈
별빛 같은 임

임을 향한 마음은
열병 앓는 깊은
병상에서도 후회 없어

기력 없는 날에도
애타는 임의 사랑으로
정녕 고정된 시선에
갇혀 잠들리라

서툰 미소

뒤척이는 밤이면
어둠이 저려와

두고 갈 것들의
서툰 미소는
상처를 할퀴고

필요로 했던 날들의
한순간의 분노는
가슴을 저미며
살 속으로 비집고

눈뜬 불안의 날들은
오랜 습관으로 버티며
분망한 하루의 시간
촘촘히 채우고

어둡고도 푸른 밤은
눈뜬 날의 시작을
오늘도 긴장 속에 통신한다

그리움

노을 광선이
비쳐 올 때면

헤맴으로 부르던
한때의 간절함이

예쁜 웃음 그대인 체
낮은 속삭임으로

외롭지 않으려는 듯
살며시 품은 체
나와의 동행을 시작하고

맑은 소리 들리는
낮은 산의 능선
여울 몫을 휘돌아
아련한 추억의 시간
유년의 꿈속으로 침잠한다

사계절의 행복

봄이 콧등에 노크해 오면
시들은 꽃도 피어나겠지

따뜻한 여름 꽃 활짝 웃는 날
산새와 들새들도
푸른 숲 사이 모여 놀겠지

가을바람 시원한 날
코스모스 풍성한 길
마른 잎도 향기롭고

하얀 겨울 알갱이
누른 시트 위에
시려드는 겨울나무의
하늘이 닿은 가지의 끝

태고의 빙하로 묻혔다가
산맥으로 뻗어내려
천년의 푸른 바람으로
봄꽃 흔들며 다시 오겠지

불신의 관계

떠나가는 관계는
소통이 단절된
헛말뿐이고

던진 공허한 말들은
귓속에서 맴돌고

분별력을 상실한
비정한 그 한마디에
네 심장의 깊은 상처는
아직도 선혈에 젖어 있다

남겨진 미련은
술 취한 관계로
불신은 진실을
우기며 따지고

향수 없는 진념은
질투로 범벅이 되고
답의 진리는 수없는
관계로 교신은 단절이다

무엇 때문에

혹여 가랑비인가
한순간의 겨를 없이
예상 밖의 소낙비더라

솔바람인가
그런 생각 뒤
놀랍게도 태풍이다

흔들리는가 하는
마음의 조급함으로
비틀다가 황망히
밀어버리고 가더라

물안개 뒤의 실상
다시 확인할 여유 없이
마음의 증오심 털어내지
못하고 떠나고 말더라

때문에 다치고
까닭에 울고
못내 서럽더라

허무

겨울의 혹한을 견뎌온
강인한 얼레지 꽃처럼
살 애는 바람에 흔들리며
흘러온 세월인가

수없는 몸 가다듬고
몇 번인가 반복적으로
털어내려 했던 욕망
어둠의 파편처럼

숙명 같은 선택의 시련으로
처절한 미련을 삼키고
혹여 마음의 틈새로
저며 오는 온갖
육신적인 형벌 어이하나

시선 돌려 감추고
진실하나 그리움으로
못내 살아온 세월인가

파인 상처 깊어져
오로지 치유를 위한
애씀의 눈물과 땀으로
정화시키려는 손길

허무한 마음에도
맑은 영혼을 위한
한날의 절박한 기도

그것은 인류의 소망이고
정녕 푸른 생명의
불꽃같은 태어남이다

열망

무딘 감각으로
잃어버린 것들이여

세월에 흘러간
열망의 후회들이여

떠밀려 부셔진
의욕들이여

온갖 것들의
자국들이여

억장 무너진
노여움이여

부딪혀 망가진
청춘이여

빛 앞에 드러난
어둠의 비늘 돋아난
부끄러운 형상이여

고독

어둠 깔린 빈
들판의 고독은

지우기를 거부한
그리움의 고목으로

인적 드문 밤
살을 치는 바람으로

낙엽 붓는 들녘
떨고 있는 숨소리로

넋 잃고 서있는
빈자리의 쓸쓸함으로

사면이 밤으로 덥힌
외로움으로

빈 가슴 떠도는
계곡의 흐름으로

병든 새

새가 되고 싶었을까
시대 기준의 무상함에도
훨훨 부러진 접힌 날개 펼쳐

정녕 한때 의지하며 살고 싶은
실로 진실 된 삶의 실체였고
세월 앞에 세워질 역사적 징표
바보 아닌 바보가 되어
존재감 상실한 까닭으로 하여
땅의 끝자락 홀로 숨으려 했을까

인생의 바닥에 구르며 지친 하루
못내 어두운 골목길 서성이다가
끊기지 않는 연줄을 타고
구만리창천 향해 청학靑鶴처럼
뜻 모를 비상을 시도한 이여

지극선至極善으로 소박하고
못내 큰 사람이었던 존재
자존감 강한 바보였던 사람
부디 편히 영면하소서

– 2009년 5월 29일 1시 40분

가슴에 잠든 노래

서리 내려 젖은 아침의
태양처럼

이슬 녹여 꽃피운 땅의
바람처럼

가슴으로 날리는
열망의 노래

소모된 제목으로
저음깊이 내려앉아

가슴으로 숨고서야
미래의 동반자로
허기진 끈을 잡고

세월의 바람으로
떠나가지 않는
뿌리 곁에 잠든 노래

건반 없는 리듬에
몰아쉬는 숨소리
가슴에 잠든 소리

가슴에 잠든 흔적들

한꺼번에 두 아들을 가슴에 묻고
가슴 저미는 삶의 고뇌로 단 하루도 살 수 없던 시간들
인고의 고통으로 버티어온 이십년의 세월
그리운 상흔傷痕으로 이 생명 다하는 날까지
내밀한 언약으로 숨어 있어라
강철 화살처럼 강하게 맹세해 놓고
어이하다 들키면 못내 죄인의 심사로 울었다

더는 못살겠다는 좌절과 비통함 때문에
넘쳐나는 자동차가 생명을 해한 문명의 도구로 전락한
원수 같은 절망감에 울부짖고 외쳐보면
인간의 가슴에 얼마나 큰 눈물주머니가 달려 있을까?
절절한 그 눈물에도 끝날 것 같지 않은 비애
마음이 조금 흔들려도 이미 눈가는 슬픔에 젖는다

혹여 참아내지 못한 어리석음이라도
스스로 마음 다스려야 세상적 고통 이겨낼 수 있는 일
돌이켜 보기에도 힘겨운 세월이다
누구나 본향에 대한 그리움 절절하지만
유난히 향수에 젖어 살던 이립而立의 연륜에
귀향하여 생활십년에 부모를 잃고 자식 둘 가슴에 묻다

낮은 산자락 일구어낸 과수원엔 감나무, 사과나무,
배나무, 밤나무, 좋아하는 과일나무는 다 심어놓고
꿈에 부풀어 행복했던 날의 틈틈이 나를 도우며
용돈을 많이 타서 할 일 많다며 꿈에 부풀었던 두 아들
하늘의 시샘으로 그해 가을 맛난 과일을 먹지 못했네

내 신앙의 대상인 어머니도 삶을 마감하였지
젊은 어머니를 땅속에 묻어놓고 육신이 지친 날들
오로지 딸을 아들처럼 의지하며 살았던 자애로운 분
효도 한번 제대로 못해드린 불효로 깊은 마음속의 그
설움도, 자식 잃은 천붕天崩에 묻혀버렸다

평생을 남편과 자식위해 희생하며 살다 가신 어머니
마음 편한 세월 제대로 살아보지 못하고 고통 속의
한 세월 살다 짧은 생을 마감하신 대지처럼 미더운 분
돌이켜 보면 1남 5녀의 자식을 세상에 두고 가셨고
손자와 손녀도 여럿 두었지만 평생 올곧게 한 남자만을
지극히 사랑했고 사랑받으며 비록 인고의 세월을 살다
가셨어도 나보다 복된 삶이라 생각하면 그나마 조금
위로가 되어 맑은 영혼 위에 반짝이는 감동의 눈물

마음깊이 가두어 두었던 나만의 슬픔이기에
누구에게나 불현듯 예감하지 못했던 불행한 사고는
일어날 수 있기에 서로 간의 양보하는 운전습관은
안전을 위한 일상의 습관은 더없이 필요한 것

자동차 그 흉기로 생명을 살해하는 어리석은 이들이여
예기치 못한 교통사고로 불행하게 살고 있는 같은
처지의 동병상련의 이들은 이 땅에 차고 넘치는 까닭에
저마다 운전석에 앉아 시동을 걸기 전 잠시만이라도
생각해보는 습관을 길러보는 습관으로 돌아볼 때이다

타인의 불행이 결코 남의 것만은 아니라는 사실을 비정한
현대문명의 이기를 활용하며 살고 있는 우리는 다시금
자성하며 사유思惟하는 시간을 헤아려 경계할 일이다
혹여 후회하는 날이 오면 이미 때는 늦으리라

삶의 매순간이 고통이고 원망이고 눈물인 세월임을
전혀 살아보지 않은 사람은 교통사고의 후유증이 그
얼마나 뼈를 깎는 아픔인지 안타깝게 절감하지 못한다
우리가 만든 자동차 때문에 죽어간 어린 영혼들이여
자동차 없는 그곳에서는 깊은 상처로 소중한 푸른 목숨
천년을 이어가되 이 땅의 어리석은 자에게 우주 공간
환희로 넘쳐날 큰 용서 허락하소서

상처뿐인 미련

심금 서럽게 울려놓아
감당할 수 없는 깊은 상흔
못내 눈물겨워라

잡는 손을 뿌리치고
어둠 속 총총 멀어져간 사람

젊은 날의 초상은
상처뿐인 미련인데
왜 이토록 가슴 아플까?

행여 재회의 시간
타는 목마름의 간절함에
오래 기다린 세월인데

사노라면 잊어질까
떠나버린 소중한 사람은

위대한 날개

정교한 하얀 치열의 초상肖像은
내 안에 타는 인욕의 불꽃이다

뜨거운 가슴에 전율처럼
정열의 충동을 일으킨 그대

가슴 저리도록 하루라도
목숨처럼 소중한 당신
못내 만날 수 없다면
산의 능선에 걸린 낙조에도
온통 서러운 눈물이다

몇 번인가 사진 틀 속에서
목련꽃처럼 하얗게 웃고 있는
바람 끊긴 깊은 밤에도
푸른 월광처럼 빛나는 당신은
망망한 바다의 등대처럼
역풍 가로지르는 위대한 날개

■ 시집 해설 ■

소통의 기호와 문인의 시대적 역할론

- 예감의 시인, 이영주의 감성과 삶의 잠언

엄 창 섭(관동대명예교수, 국제펜클럽한국본부 고문)

1. 생명의 기호와 소통(疏通)

일찍이 『25時』의 저자인 게오르규가 "시인의 마음을 아프게 하는 사회는 병든 사회"라고 지적하였지만 은설(銀雪)이 쌓인 산자락이 점차 푸른빛으로 변형(變形)되는 생명의 계절에, 맑은 영혼의 소유자인 이영주 시인이 '따뜻한 감성과 삶의 잠언(箴言)'에 의한 분망한 생활로 탈진(burn-out)한 피폐된 정신을 정화시켜줄 『가슴에 잠든 노래』(홍익출판사, 2012)를 출간하여 고맙고 감사하게도 우리 삶의 일상에서 신선한 감동을 회복시켜주고 있다.

일단, <소통의 기호와 문인의 시대적 역할론> 모두(冒頭)에서 예감의 시인 이영주는 그의 자서(自序) 격인 <책을 내면서>에서 담담하게 다음과 같이 술회(述懷)하고 있다. "시집 『오월이 오면』(2005)을 내고 7년 만에 독자를 만나는 설레임과 두려움으로, '미련으로 오는 그리움'으로 소중한 시간들을 모아 보았습니다. …생략… 노력하는 삶으로 뜻있는 시간들을 채워 나아가는 사람이고 싶기에 새로운 시간들을 기약하며 기다림으로 채워가는 시인이 되려 합니다." 비록 총체적으로 절망의 끝이 보이지 않는 암울한 현상에서 '기다림으로 채워 나아가는 시인'이기를 소망하는 담백한 품격의 그는 "느림의 시학"에 익숙한 존재이기에 생명의 기호와 소통으로 경계를 허무는 존재로서 이 땅의 어느 시인보다 새로운 사고가능성(思考可能性)의 지평을 열어주기에 부족함이 없다.

여기서 무엇보다 자명한 것은, 역사를 다스리는 신은 감사하게도 '위기와 함께 기회의 통로를 열어주고 있다'는 사실이다. 까닭에 조금은 더 긍정적 사고로 삶의 처소에서 저마다 최선의 노력을 다하여야 하고, 신에게 드리는 절박한 소망은, 감동을 회복하는 일상에서 밝은 심성과 언어유희(pun)로 과장하지 않으면서도 소외된 이웃을 향해 경계를 허무는 작업이다.

항시 따뜻한 영혼을 소유하고 감성적인 사랑의 언어로 깊은 마음의 심적 외상(trauma)을 치유(healing)하여, 처절한 삶의 현장에서도 오로지 정신작업에 열중하고 있는 이영주 시인은 지극히 낯선 생명의 기표를 거부하고, 일상적인 언어의 편린(片鱗)을 통해 우리 곁으로 다가오는 친근한 실체로서 정금의 햇살처럼 축복된 얼음장을 녹여가며 누군가에게 버팀목이 되는 나눔의 행위를 온전히 실천궁행하기 위해 주의집중하고 있어 다행스러움이 앞선다.

도전과 실험정신에서 비롯되는 일념으로 언젠가 이름 모를 낯선 항구에 닻을 내리고 정박하여야 할 우리의 운명적인 삶이지만, 상식이 통하는 미래사회를 위하여 줄곧 창조적이고도 건강한 정신작업에 종사하는 그에게 있어, "예술에는 국경이 없지만, 예술가에게는 조국이 있다."는 평자의 오랜 날 지론처럼 지극히 낯설고 난해하고 현학적인 언어의 남용을 경계하되 "화려함 보다는/ 수줍은 듯 곱게 핀/ 너를 보는 기쁨이/ 부모 된 마음이어라(야생 꽃)"에서 확인되어지듯 더없이 민족의 혼이며 역사인 모국어의 속살에 대한 애정과 관심을 지니고 있는 점은 높이 평가하여도 지나치지 않을 것이다.

먼저 언어에 대한 분별력과 타인에 대한 배려로 사무엘 고들립이 자폐증을 앓고 있는 외손자 「샘에게 쓴 편지」 글에서 "인간은 네모나게 태어나서 둥글게 죽는다."라는 서술처럼 푸른 생명의 언어를 좋은 인간관계를 맺는 소통의 도구로 사용하여야 한다. "티 없이 맑고 깨끗하게 자라서/ 탐하는 사람이 되지 말고/ 믿음과 선을 행하는/ 사람이 되라 하셨지요(어머니는)"에서와 같이 모성의 심사(心思)로 항시 서로의 자존감을 존중하며 철저하게 물의 생리(生理)를 닮아 맑은 영혼을 소중하게 인식하는데 주의집중하며 덕을 쌓고, 말하기보다 듣기에 열중하며 격려에 인색하지 않고 창조질서를 세워나가는 이영주 시인의 열중을 지켜보면서 조금은 찬찬히 손금을 보듯 그의 시편을 심도 있게 탐색하며 조망(眺望)할 것이나, 본고에서는 그의 수필 <가슴에 잠든 흔적들>은 예외로 하고 시적 깊이와 이미지의 형상화를 심층적으로 검색하기로 한다.

2. 생각의 속도와 감동의 회복

예부터 제단을 쌓을 때는 정(釘)과 같은 쇠붙이를 사용하지 않고 자연석이나 흙으로 쌓는다. 그것은 쇠는 생명을 살해하는 무기로 사용되어 피 흘림을 뜻하기에 동물적이고, 금속성인 언어공해의 심각성을 경고한 것이다. 까닭에 '생선을 싼 종이에서는 비린내가 나고, 향을 싼 종이에서는 향 묻은 냄새가 나듯이 문인의 품격은 어디까지나 문인다워야 하기에, '푸른 생명의 언어, 풀꽃 같은 식물성 언어'의 사용은 더없이 소중하다.

지난 4월 초 해설자의 향리(鄕里)에 철늦은 춘설이 내렸다. 모든 것이 무너져 내려 혼돈스러운 시간대임에 틀림이 없지만, "밤새워 서리 내려/ 백년세월 힘들지라도/ 그대 그림자 속 맴도는 날들은/ 행복일 테지요(그대 있음에)"라는 나직한 선율(旋律)처럼 문득 "눈 덮인 들판 길을 걸어갈 때도, 함부로 어지럽게 걷지 마라. 오늘 내가 걷는 이 발자취는 뒷사람의 이정표가 되느니라."는 서산대사의 법문(法文)이 마음을 가다듬게 하였다.

> 물먹은 푸른 잎 따 물고/ 동무는 날 찾고/ 나는 동무 얼굴 숨어보았네//
> 우리 자란 고향 골목길/ 줄지어 웃는 소리/ 시끌벅적 발자국 소리 즐거워라//
>
> – <마음 여행>에서

여기서 충직한 한 사람의 독자인 우리들에게 하나의 소박한 기대라면, 순수서정시를 쓰기가 그 어느 때보다 어려운 시간대이지만, 결단코 삶의 일상에서 감동을 회복하여야 하고, 이 땅의 기성세대는 분명 다음 세대를 위하여 매사를 신중하게 처리하고 준비하여 자랑스런 정신적 유산을 남겨주어야 한다. 그러기 위해서는 무엇보다 "우리 자란 고향 골목길/ 줄지어 웃는 소리/ 시끌벅적 발자국 소리 즐거워라"는 <마음 여행>처럼 모름지기 자연의 순차(循次)를 거역하지 아니하고 '낮은 곳으로 흐르는 겸허성, 깨끗한 투명성, 어울림의 유연성, 그러나 물과 기름의 융합을 거역한 공명정대'한 물의 생리(生理)를 삶의 교시(敎示)로 깨달아 합리적으로 자신의 일생을 관리해야 한다.

> 꿈속에/ 백마 타고/ 달나라에 다녀왔다/ 토끼 노는 터 옆에/ 그림 같은 집 지어 놓고//
>
> – <꿈속의 꿈>에서

삶의 일상에서 인간소외로 항상 고통을 겪고 있는 이웃을 향해 고매한 시격(詩格)의 이영주 시인도 결코 예외일 수 없지만, 소외된 이웃의 진정한 삶의 멘토(mentor)로서 직면하는 모든 현상에 따뜻한 가슴과 관심을 지녀야 함은 무론하고, 각박하고 비정한 현실에 있어서도 '꿈 너머 꿈'을 지속적으로 제시하고 일깨워주어야 한다. 문화의 지역구심주의의 시각에서 조상의 뼈가 묻혀 있는 고향에서 살을 부비고 살아가며 감성과 예감을 지녀야 함은 물론이거니와 동시대 우리가 겪는 시대고(時代苦)에 대해서도 사랑의 불을 지피는 실체가 되어야 한다. 모름지기 시인은 화자(persona)로서 우리의 이야기가 아닌 오랜 날 체득(體得)한 자신의 이야기를 충직하게 창의적으로 생산하는 경이로운 존재이기에, 어디까지나 소중하고 절박한 삶의 변화·발전은 구조나 제도의 보완보다는 잠재된 의식의 내면에서 조용한 내발적 변화로 이행되어야 비로소 의미 있는 정신작업으로 자리 매김할 것이다.

시간 속의 다툼들은/ 어둠으로 밀리고//
몸살의 중심은/ 통증으로 파이고//

– <세월의 통증>에서

비록 살아 있다는 사실도 생명을 허락하여준 신에게 감사할 일이지만, "세월의 통증"을 몸소 체득하면서도 화자(persona)는 '어둠으로 밀리고, 통증으로 파이는' 고통을 감내하면서도, 인고(忍苦)속에서 누군가 등을 기댈 수 있는 버팀목이 되어주는 셸 실버스타인의 동화 『아낌없이 주는 나무』나 김병규의 『백 번째 손님』을 통해 확인되는 감동의 회복을 힘겨울지라도 충실하게 수행하여야 한다. 까닭에 "저려오는 이 고통/ 몰라라 버려두고// 하룻밤도 설움 같은/ 수많은 밤을 두고(임은 어디로)"에서와 같이 '저려오는 이 고통/ 몰라라 버려두고' 불확실에서 엄습해 오는 초조, 불안감을 떨쳐버리고 이영주 시인은 자랑스럽게 주어진 삶의 현장에서 나름대로 최선을 다하고 놀랍게도 주의 집중을 충실하게 이행하고 있다.

모름지기 맑은 영혼과 깊은 사유(思惟), 그리고 삶의 현장에서 지니고 있는 그만의 애정과 관심사는, 하찮은 일상에 있어서도 이웃에 대한 배려감과 섬세한 시선(視線)으로 "방황 속의 투쟁은/ 잃어버린 흔적의 핑계로/ 맞추어진 셔터에만/ 눌려지고(백발 오면)"처럼 반복적으로 인간소외의 경계 허물기를 수행하기 위하여 열정적으로 주의 집중하고 있기에, "봉사와 선한 일을 생각하거나 보기만 하여도 마음이 착해지고,

우리의 육신도 영향을 받아 신체 내부에서 바이러스와 싸우는 면역물질 lga가 생겨 질병을 이겨낼 수 있다."는 하버드 의과대학 보고서에 의한 "테레사 효과(Teresa effect)"마저 비열한 이기주의에 익숙한 우리에게 놀랍게도 이영주 시인은 새삼 일깨워 주고 있다.

이처럼 존엄한 삶의 일상에서 감동의 회복을 소망하며 절대자를 향해 우리가 영혼의 창문을 열어 놓고 '보다 천천히'라는 미끄러짐의 시학을 축으로 삶의 여정을 만보(漫步)하는 행위는 실로 눈물겹다. 천천히는 느림에 잇닿아 있고, 느림은 기다림에 연유하기에 "행여나 돌아올까/ 기다린 세월인데// 사노라면 잊어질까/ 떠나버린 그 사람(상처뿐인 미련)"에서와 같이 차지에 저마다 한번쯤 정신풍경에 메리 스티븐슨(Mary Stevenson)의 <모래 위의 발자국>을 배경지식(schema)으로 하여 <상처뿐인 미련>을 기억 흔적에 담아 보면 생명외경은 존엄하고 엄숙한 삶으로 다시금 수락(受諾)될 것이다.

3. 시인의 자아회복과 응시(凝視)

위기의 시대를 살아가는 생의 비법은, '미끄러짐의 시학'을 통한 건강하고도 생산적으로 창출되어야 하기에 21세기의 화두(話頭)인 '더불어 함께(inter-being)'라는 공동체 의식의 소중함을 보다 인식하며, 복효근의 시적 변명인 <누우 떼가 강을 건너는 법>을 되뇌여 볼 타당성이 요청된다. 베이컨의 '사람은 무엇을 해야 하느냐의 문제가 더욱 중요하다.'는 지적처럼, 비록 혼돈의 시간대에 몸을 담고 있을지라도 패배나무력감에 사로잡히는 것은 결코 위기를 극복하는 지혜로운 삶일 수는 없다.

현대인의 일상에서 건강한 정신활동은 높은 이성적인 자유 인간을 만드는 창조적 행위이기에, 암울한 상황에서도 자신의 결의를 촉구하는 비장한 집념이나 도전정신이 없으면, 진정한 자유를 향유할 수 없다. 목숨의 바다 위에서 보다 높이 무한의 자유공간으로 비상하려는 새처럼 역경의 파도와 바람을 온몸으로 감내하되 못내 따뜻한 가슴과 감성을 지닌 이영주 시인은 맑은 영혼의 소유자로서 절박한 삶에 있어서도 날(刃) 푸른 시 정신을 지니고 역풍보다 빠르게 질주하여 "가랑비 젖는 유리창 풍경이/ 마음을 잡는다// 철길 벤치 옆 갈대는 비 먹은 몸으로/ 잔 춤을 멈춘 체 풍경 속으로(마음의 창)" 보다 침잠(沈潛)하는 과정에서 긴장의 끈을 늦추지 말고 이 땅의 어느 시인보다 자긍심을 지니되 당당하게 자기만의 차별화된 '체취, 사유, 육성'의 특이성으로 홀로 아득하고 황홀한 정신풍경과 따뜻한 정신기후를 지속적으로 조성하라는 것이다.

결론적으로 비록 우리네 삶에 고통이 따를지라도 '한국전쟁(Korea war)' 당시 종군기자였던 마가렛 히긴스가 던져준 참혹한 전장의 혹한과 기아 속에서 "give me tomorrow."라던 미국병사의 절규는 못내 가슴을 저리게 한다. 고통을 통해서 얻어진 것은 진실하듯이 "우리가 덧없이 흘려보낸 오늘은 앞서간 어제의 그들이 그렇게 소망하던 내일이었다."는 소포클레스의 생명외경의 교시에 주의 집중하되 몸담고 있는 이 시간대를 살아가는 이영주 시인에게 거는 한결같은 기대는 뼈를 깎는 견고한 고뇌와 가열 찬 발상의 전환으로 긍정적 사고를 지녀야 하는 점이다.

아울러 '2~3%의 염분'이 오염된 바다를 정화시키듯 날 푸른 예지와 따뜻한 감성을 소유한 문인들은 '비공인 된 입법자'로서 시대적 소임을 엄숙하게 수행하되 서정적 미감을 주도하는 '극소수의 창조자'로서 존재감을 집념으로 하여 생명외경(生命畏敬)의 사상과 예술처럼 아름다운 미적주권을 확장하여 시의 꽃을 눈부시고 줄기차게 피워내라는 것이다.

가슴에 잠든 노래

인쇄 2012년 4월 10일
발행 2012년 4월 20일

지은이 / 이 영 주
펴낸이 / 김 창 석
펴낸곳 / 홍익출판사

주소 / 대구시 중구 삼덕3가 245-2
전화 / 053) 421-6700, 427-3627
팩스 / 053) 423-5965
등록번호 / 1987년 11월 26일 제1-107호
E-mail / hongick88@hanmail.net

정가 10,000원

ISBN 978-89-7826-237-8 03800